PLAIDOYER

DE Mᴱ RUMILLY,

DANS L'AFFAIRE

DU GOUVERNEMENT OCCULTE.

PLAIDOYER

PRONONCÉ

A LA COUR D'ASSISES DU DÉPARTEMENT DE LA SEINE,

LE 31 JUILLET 1820;

PAR Me RUMILLY,

AVOCAT A LA COUR ROYALE DE PARIS,

POUR M. CAUCHOIS-LEMAIRE,

AUTEUR DE L'ARTICLE

DU GOUVERNEMENT OCCULTE.

PARIS.

BAUDOUIN FRÈRES, IMPRIMEURS-LIBRAIRES,
RUE DE VAUGIRARD, N° 36.

1820.

PLAIDOYER

DE Mᵉ RUMILLY,

DANS

L'AFFAIRE DU GOUVERNEMENT OCCULTE.

MESSIEURS LES JURÉS,

S'IL était vrai que quelques hommes eussent manifesté l'audacieux projet de s'opposer de tous leurs efforts aux intentions bienfaisantes du monarque; s'il était vrai que, formant une ligue nouvelle, ils eussent osé composer un comité mystérieux, adresser des instructions à des agens secrets, donner des ordres, promettre de l'argent, échauffer ou ralentir tour à tour le zèle de leurs partisans, favoriser de grands coupables, et menacer d'arracher au Roi lui-même ses ministres : le citoyen alarmé de leurs complots, effrayé de leur audace, qui, à la vue du péril qui lui semblait menacer et l'autorité du trône et la tranquillité de l'État, aurait manifesté ses craintes et ses alarmes, et signalé cet envahissement du pouvoir, serait-il coupable du crime même qu'il aurait dénoncé?

Que si un écrivain assistant à l'accusation d'un semblable complot, portée à la tribune par un magistrat revêtu des fonctions les plus éminentes de la justice, entendait spécifier des faits, lire les circulaires mêmes attribuées à cette association criminelle, et accumuler devant

lui les preuves morales de son existence; si la vérité des
faits de l'accusation n'avait été combattue par aucun député, et si quelques-uns s'étaient seulement récriés sur la
forme ; si tous avaient proclamé la nécessité de connaître
les fils de cette vaste intrigue ; si tous s'étaient déterminés
surtout à demander cet examen aux ministres, par l'important motif de démasquer les factions qui, dans leur
criminelle audace, se parent de noms respectables et de
chefs augustes, qu'elles n'ont et qu'elles n'auront jamais,
et de défendre les noms vénérables qu'elles osent profa-
ner; et si enfin, cette discussion publique, consignée dans
les feuilles officielles, avait retenti dans toute la France :
un écrivain qui, quelques jours après, aurait retracé
les résultats de cette discussion et les sentimens dont elle
l'aurait pénétré, serait-il coupable du crime de provocation à la guerre civile et d'offenses envers la personne
du Roi ?

Étrange position de l'auteur ! Quelques jours après la
séance du 25 avril, l'esprit encore frappé de ces souvenirs, il fait paraître, à la date du 4 mai, un écrit intitulé
Variétés historiques, et dans lequel se trouve l'article
du Gouvernement occulte ; et là il imprime son indignation contre les agitateurs à la guerre civile et les conspirateurs contre l'autorité royale.

Cependant, par une funeste méprise de l'accusation,
il est traduit devant vous comme coupable d'offenses envers le Monarque, et de provocation à la guerre civile !

Pour vous, Messieurs, comme pour lui, il importe de
justifier complétement cet écrit et ses intentions, ses intentions étrangement dénaturées par le ministère public ; et dans cette discussion, je m'appuierai constamment sur des pièces authentiques et officielles, sur des

jugemens émanés des tribunaux , sur les discours des
ministres, sur les actes mêmes de l'autorité royale.

Ne craignez donc pas que je vienne instruire le procès
du gouvernement occulte ; la question de son existence
n'est point une question judiciaire, mais politique ; c'est
dans une autre sphère de pouvoir que doit s'agiter ce
grand débat. Il m'importe seulement d'établir et de fixer
dans vos esprits cette double proposition : ou cette puissance contraire à l'autorité royale existe , et alors il a
été du devoir d'un bon Français de l'attaquer et de la
combattre ; ou cette puissance n'existe pas , et alors il
faudrait encore approuver les craintes de l'écrivain, qui,
comme homme , aurait pu se tromper ; qui, comme citoyen , aurait rempli un devoir ; et qui, convaincu de
la grandeur du péril, aurait averti de dangers même
imaginaires.

En m'éloignant donc des mystères de la politique, je
devrai vous rappeler les élémens publics et notoires de
conviction qui ont tant influé sur mon client. Et en posant ainsi d'avance les bornes d'une défense aussi sacrée
que nécessaire à l'accusé, j'ai le droit de compter sur
l'indépendance de notre ministère que m'assure l'impar-
tialité des magistrats qui composent la Cour.

L'accusation , qui dès le commencement de l'instruction menaçait l'auteur de quatre à cinq chefs de délits,
s'est successivement réduite ; et enfin elle est renfermée
aujourd'hui dans deux chefs de prévention : provocation
à la guerre civile , offenses envers la personne du Roi.
L'arrêt de renvoi a fixé désormais irrévocablement les
bornes de la poursuite ; et c'est dans ce cercle qu'il faut
attaquer et défendre.

Je m'attacherai d'abord à vous démontrer qu'il est

impossible de trouver dans l'écrit une provocation à la guerre civile.

Premier Chef de prévention ; provocation à la guerre civile.

Pour reconnaître l'existence d'un délit, il faut savoir distinguer le délit en lui-même ; et la théorie des provocations a été clairement établie par le législateur, quoique le ministère public ait soutenu que la loi n'avait pas déterminé les caractères de la provocation.

Qu'est-ce qu'une provocation ? C'est la proposition formelle, expresse, adressée à des tiers de faire quelque chose. C'est une invitation à un fait en termes précis et énergiques.

Quel doit être le but de la provocation ? Un fait caractérisé crime ou délit. Autrement, elle n'aurait pas de caractère de criminalité.

En quelle forme la provocation doit-elle être faite ? Il ne faut pas que ce soit une opinion, une théorie, mais une proposition à des tiers, et une proposition *spéciale* ; *la spécialité* a été exigée afin d'expulser le vague, l'arbitraire, d'empêcher la pensée de s'égarer sur les conséquences générales d'une phrase ou d'un livre ; de réduire la question posée au jury *au rapport immédiat* de la publication qu'il a sous les yeux, avec un article particulier du Code, dont il ne lui est pas permis de détourner son attention.

Ces caractères ont été déterminés par les discours des orateurs du gouvernement dans les deux Chambres, et les rapporteurs des commissions : voici comment s'exprimait à la Chambre des pairs le noble rapporteur:

« Qu'un homme s'élance sur la place publique et qu'il
» s'écrie à haute voix : Armez-vous, citoyens, suivez mes
» pas, forcez les prisons, mettez le Trésor au pillage !
» Voilà une provocation directe. Que ce même homme
» à la même place, crie aux mêmes hommes : Citoyens,
» ne vous armerez-vous pas ? ne forcerez-vous pas les
» prisons ? ne mettrez-vous pas le Trésor au pillage ? Ce
» sera une provocation indirecte.......

» Que si par provocation directe on entend une pro-
» vocation exprimée dans un langage significatif, intelli-
» gible, propre à émouvoir les esprits ; le projet de loi
» n'en reconnaît point d'autre. Si par provocation indi-
» recte on entend une idée subtile, rendue en termes
» équivoques, ambigus, détournés, et qu'on ne peut ex-
» traire que par une interprétation laborieuse ; ce n'est
» point là une provocation ; des jurés ne l'y reconnaîtront
» jamais.......

» Les auteurs du projet de loi, touchés d'une juste sol-
» licitude en cette matière, et craignant que le terme de
» provocation ne prît trop de latitude, ont fait usage,
» pour le contenir dans des limites étroites, d'un expé-
» dient infiniment plus judicieux que l'adjonction d'une
» épithète. Ils n'ont point exigé que la provocation pour
» être punissable fût directe, parce que cela n'est pas
» raisonnable. Ils ont exigé qu'elle fût spéciale, c'est-à-
» dire, que le ministère public fût tenu d'articuler dans
» son réquisitoire à quel crime ou délit, positif, précis,
» déterminé, le prévenu avait voulu provoquer. La
» Chambre sans doute appréciera dans sa sagesse une
» précaution qui, emprisonnant chaque provocation dans
» la définition même du délit qu'elle a pour but, expulse
» par-là le vague, l'arbitraire, empêche la pensée de

» s'égarer sur les conséquencesgénéralesd'une phrase ou
» d'un livre , et réduit la question posée au jury *au rap-*
» *port immédiat* de la publication qu'il a sous les yeux,
» avec un article particulier du Code dont il ne lui est
» pas permis de détourner son attention. »

Telles sont les expressions du noble pair rapporteur de
la commission : *rapport immédiat !* ce qui exclut for-
mellement tout ce qui est indirect, tout ce qui est induc-
tion, interprétation.

Si le ministère public s'interpose comme intermé-
diaire, s'il vient placer ses conséquences entre le jury et
l'écrit déféré, il n'y a plus de rapport immédiat entre
l'écrit et l'acte qualifié délit par la loi.

Voilà les principes clairs et précis qu'a posés le législateur : il ne s'agit plus que de les appliquer vous-
mêmes.

Le ministère public a placé les diverses provocations à
la guerre civile dans ces passages de l'écrit.

« Pag. 36. Ce pressentiment n'était point trompeur!...
» Nous devions bientôt, d'atrocités en atrocités, de meur-
» tre en meurtre, à la trace du sang français , remonter
» à la cause première et redoutable de tant d'effets mons-
» trueux . . . .
» Oui, il existe une conspiration permanente qui tantôt
» cachée , tantôt presque à découvert, marche à un but
» certain , à un but qu'elle est sur le point d'attein-
» dre. . . . . .

» Pag. 37. Cependant l'assassinat demeure organisé...
» et les affiliations resserrent leurs premiers nœuds......

» Pag. 38. L'armée des sicaires est passée en revue,
» soldée, équipée.......

» Il tombe....... et le pacte est signé entre les succes-
» seurs et les chefs de la faction...:.... »

Si tous ces faits existent, s'est écrié M. l'avocat-général, si en effet ce pacte est signé , que reste-t-il à faire aux
Français ? La conséquence n'est pas douteuse : ils doivent
songer à repousser la force par la force. La provocation
à la guerre civile est évidente.

Et moi je répondrai qu'elle n'existe dans aucun de ces
passages : il m'est facile de vous le démontrer.

Que voit-on dans ces diverses phrases ? L'assertion de
faits , la dénonciation d'une conspiration ; mais aper-
çoit-on la proposition , formelle , précise, à des citoyens
de prendre les armes les uns contre les autres ? Où est
l'invitation au fait criminel, à la guerre civile ? Où est la
conséquence qu'il faille s'armer ? Elle ne s'y trouve nulle
part. Le ministère public est forcé lui-même de tirer
cette conséquence ; c'est lui qui la tire de l'écrit , mais ce
n'est pas l'auteur. Et vous savez que le législateur lui in-
terdit ce système. Il ne peut pas, il ne doit pas altérer la
pensée écrite, la pousser plus loin que là où l'écrivain
s'est arrêté, et égarer vos esprits sur des conséquence
générales qui lui appartiennent, tandis que l'auteur se
renferme dans l'assertion de faits que la loi n'a point rendus
criminels.

La conséquence que déduit M. l'avocat-général est si
peu celle qu'aurait pu déduire l'auteur, qu'à la page 40 il
résume tout ce qu'il a dit, et là vous verrez une conséquence tout-à-fait opposée à celle du ministère public. Il
est donc impossible de placer des provocations dans aucun des passages qui vous ont été plus spécialement
désignés.

Et dans quel écrit éclate , au contraire, plus énergiquement l'horreur contre la guerre civile ? L'indignation de l'auteur ne déborde-t-elle pas à chaque page contre les provocateurs ?

Voyez ses expressions , pag. 35. « Nos regards tantôt
» attendris, tantôt pleins d'épouvante..... Nous regret-
» tions des morts illustres, des braves lâchement égor-
» gés.... » Entendez-le qualifier les effets des discordes civiles, pag. 36. « Tant d'effets monstrueux.... Des scènes
» si hideusement diverses..... » Jetez les yeux sur toute la pag. 37.... Comment, après de telles expressions, admettre l'absurdité d'un provocateur qui exciterait à la guerre civile en la représentant sous les plus affreuses cou-leurs ?

Quittez même un moment l'article qui vous est déféré; et dans la même page qui contient le commencement de cet article, voyez comment l'auteur s'exprime sur un mé-moire dont il a rendu compte.

Voici comment il s'exprime, pag. 34 : « Le reste du
» mémoire est consacré à déplorer l'inutilité de toutes les
» peines que M. F. se donna pour exciter la guerre
» civile en France......

» ... Ce mémoire montre combien *de malheurs et de*
» *fléaux* on a cherché depuis trente ans à attirer sur les
» départemens du midi. Il n'est pas de moyens qu'on
» n'ait employés pour y allumer la guerre civile. Ce n'est
» point assez du sang qui a coulé en 1815 ; *les brigands*
» qui l'ont versé impunément sont toujours soudoyés et
» prêts à *recommencer des crimes* si largement ré-
» compensés ! »

Combien de malheurs et de fléaux ! dit l'auteur. *Les brigands sont prêts à recommencer des crimes* !

Ainsi, il représenterait la guerre civile *comme un fléau* !

ceux qui la commettent *comme des brigands!* et il provo-
querait à la guerre civile! Mais quelle plus grande absurdité que celle d'un provocateur qui se condamnerait
lui-même!

Ah! si l'auteur s'adressait aux Protestans dont les pa-
rens furent lâchement égorgés dans Nîmes, s'il leur criait :
Prenez les armes, vengez-vous; si comme certains jour-
naux il parlait de *représailles*, s'il ne demandait qu'une
journée, vous pourriez l'accuser de provocation ; mais
lorsque chacune des pages de l'écrit révèle l'horreur de
l'auteur pour la guerre civile, vous ne sauriez fonder un
instant l'accusation, elle s'évanouit devant les expressions et l'intention évidente de l'écrit, qui repoussent l'intention qu'on voudrait y placer.

Le ministère public a décélé lui-même l'impuissance de
l'accusation, en vous disant que sans doute vous auriez
égard aux circonstances où l'écrit a paru, que vous ap-
précieriez les intentions de l'auteur, et que vous condam-
neriez l'écrit dont les expressions pleines de fiel et d'amer-
tume, tendaient à enflammer les passions déjà si irritées.

Je pourrais écarter tous ces reproches, en vous disant
que ce n'est pas là le délit que l'accusation doit établir, et
que l'arrêt de renvoi a fixé ; je pourrais répondre à cette
accusation banale, *de l'intention,* que c'est un fait matériel
qui doit être incriminé, et que l'intention ne peut être
invoquée contre l'accusé lorsque l'accusation ne trouve
dans l'ouvrage aucun passage où elle puisse se fonder.

Mais mon client veut une justification plus complète ;
mais il veut aussi que vous connaissiez les circonstances ;
que vous appréciez ses intentions, sa bonne foi, sa conviction.

On lui reproche l'énergie, la chaleur de ses expres-

sions ! Eh bien, c'est cette conviction qui anime son langage, qui échauffe, qui passionne son écrit : l'homme
convaincu a-t-il jamais parlé avec la tranquillité de
l'homme qui doute ? Et lorsqu'il s'agit d'une vaste conspiration qui menacerait le trône et l'État, viendra-t-on
mesurer l'étendue des craintes d'un citoyen qui la dénonce ? Qui posera, dans une semblable révélation, des
bornes au langage de l'écrivain, si ce n'est la loi seule ?
Qui prétendra changer son caractère et sa nature ? Sué-
tone, en racontant les forfaits de son temps, conserve
une tranquille impassibilité ; tandis que la vertueuse indignation de Tacite éclate dans les pages où il immorta-
lise la bassesse des sénateurs et la cruauté des tyrans ; et
Cicéron, surnommé le père de la patrie, pour avoir
étouffé la conspiration de Catilina, qui était le gouvernement occulte de Rome, Cicéron ne foudroyait-il pas
par les terribles éclats d'une impétueuse éloquence les
conjurés dont il révélait les complots, désignait les postes,
et marquait les victimes !

Qui donc pourra dire à l'auteur convaincu de l'existence d'un complot : Je veux que vos craintes s'arrêtent
là.... Quelle impression a dû produire sur son esprit ce
qu'il a vu, ce qu'il a entendu ?

Des crimes avaient été commis dans le Midi : d'abord
déniés à la tribune, ils avaient reçu une trop certaine publicité ; des officiers commandant au nom du Roi, avaient
été assassinés ; des ordonnances royales attestaient l'indignation du souverain : « Un crime *atroce* a souillé notre
» ville de Nîmes, s'écriait le monarque dans sa royale
» douleur; si un tel attentat restait impuni, il n'y aurait
» plus d'ordre public ni de gouvernement, et nos ministres
» seraient coupables de l'inexécution des lois. »

Des faits particuliers, nombreux, certains, faisaient déjà sentir à l'auteur une résistance cachée et toujours rebelle au pouvoir du souverain, Cette influence lui est rendue plus sensible par la douleur du chef auguste de la justice, qui vient déplorer à la tribune l'impunité de grands attentats.

« Si les honorables membres, s'écriait-il à la séance
» du 23 mars (1), eussent réfléchi sur l'état des partis,
» sur leurs ramifications, leur puissance, leur audace,
» ils auraient compris que leur esprit peut vicier, pa-
» ralyser les plus nobles organes de l'ordre social ; pour
» vous, Messieurs, sachez qu'en quelques mains que le
» Roi ait daigné déposer le soin de sa justice, tout a été
» fait pour atteindre les auteurs du crime. Mais sachez
» aussi le résultat des efforts du gouvernement du Roi,
» et appréciez les reproches qui lui seront adressés.
» Votre mission, votre devoir est de préserver votre pays
» du fléau des partis : apprenez à les connaître. Je citerai
» peu de faits, mais marquans, mais notoires. Je les
» citerai sans réflexions. Le général commandant à
» Nîmes, au milieu d'une sédition, protégeait de sa per-
» sonne et de son épée l'ordre public et les citoyens. Il
» est frappé d'un coup de feu dans la poitrine, tiré à bout
» portant. L'auteur du crime est saisi ; le fait est constant,
» avoué. Le juge pose cette question : L'homicide a-t-il
» été commis dans le cas d'une légitime défense ? Le jury
» répond affirmativement, et l'accusé est acquitté.

» Un autre général commandant à Toulouse, veut
» apaiser une émeute, et reçoit une dangereuse bles-
» sure. Il est porté dans son domicile. Ses assassins y

---

(1) Moniteur du 25 mars 1819.

» pénètrent et le déchirent tout vivant de mille coups;
» ils sont mis en jugement. On allègue en leur faveur
» qu'ils n'ont pu donner la mort à un homme blessé déjà
» d'un coup mortel, et deux d'entre eux sont condamnés
» seulement à la réclusion.

» Un homme dont l'horrible surnom coûte à pro-
» noncer, Trestaillon et ses co-prévenus, sont poursuivis
» comme auteurs de plusieurs assassinats. Ils sont tra-
» duits à Riom, où l'on espérait une justice plus indé-
» pendante. Il a été impossible d'obtenir la déposition
» d'un seul témoin contre eux. La terreur les avait glacés.
» Quant aux témoins à décharge, il s'en présentait sans
» nombre. Faute de preuves, ces prévenus ont été ren-
» dus à la liberté.

» Voici un dernier fait, mais plus récent. L'esprit de
» *parti s'est agité avec violence, il a disputé au glaive*
» *de la loi les accusés de l'assassinat de Fualdès.* »

Mais c'était peu des révélations faites à la même ses-
sion par un député du Gard, et appuyées par le premier
président de la Cour royale de Nîmes ; c'était peu de la
découverte d'affiliations, dont les pièces originales n'ont
point encore été contestées ; c'était peu de la dénonciation d'un noble pair d'une organisation armée dans certains départemens ; organisation plus ou moins confirmée
par les aveux, les rétractations et les réticences de Légall
et Leguevel.

Des documens publics tout récents sont venus achever
la conviction de l'auteur.

Vous le savez, Messieurs, toute la France, et maintenant l'Europe entière le sait, c'est du sein de la magistrature, vénérable à tous les yeux et justement l'objet
du respect de tous les peuples, qu'est partie la dénon-

ciation la plus précise, la plus positive d'une puissance secrète qui étendrait ses ramifications sur toute l'étendue de la France.

Vous savez de quelles marques d'estime et de respect les députés et les ministres eux-mêmes sont venus entourer le caractère personnel du magistrat.

Et quelle confiance l'auteur a dû avoir dans la véracité du conseiller à Cour royale de Nîmes, lorsqu'il a entendu s'exprimer en ces termes :

M. le ministre des affaires étrangères : « J'ai eu assez » de rapports avec M. Madier de Montjau, quand j'étais » ministre de la justice, pour reconnaître en lui un » homme qui peut se tromper, mais qui parle selon sa » conscience ; »

M. Chabaud-Latour : « Je dois rendre hommage au » courage, à l'énergie du magistrat ; je dois vous attester » la vérité des faits qu'il expose ; »

M. Bourdeau, procureur-général : « Je ne pré- » tends pas affaiblir la gravité des faits dénoncés. Je me » joins au contraire à ceux qui en demandent un exa- » men approfondi. J'y suis d'autant plus porté, que par » leur nature ces faits sont d'une importance majeure » pour l'ordre public, qu'ils sont rehaussés par le carac- » tère et la qualité de celui qui les dénonce (1) ; »

M. de Saint-Aulaire : « Je dois à la justice de déclarer » que le pétitionnaire est un homme de sens, d'honneur » et de courage. Il possède dans un degré éminent toutes » les qualités qui font l'honnête homme et le bon ci- » toyen : on doit donc ajouter une grande confiance aux » faits qu'il affirme ; et, quant à moi, je les crois ; j'ose

---

(1) Moniteur des 26 et 27 avril 1820.

2

» penser que plus on aura examiné les faits, plus on
» sera confirmé dans les sentimens de leur vérité. »

Après le rapport de la commission, qui terminait en
disant « que l'extrême importance des révélations du
pétitionnaire lui commandait de proposer le renvoi de la
pétition au président du conseil des ministres, » qu'au-
riez-vous pensé d'un pouvoir secret qui eût adressé les
deux circulaires suivantes, lorsque le magistrat de Nîmes
affirmait qu'il représenterait les originaux de ces deux
circulaires, et déclarait qu'il en nommerait l'auteur devant les tribunaux?

Première, sous le n° 34. « Ne soyez ni surpris ni
» effrayés; quoique l'attentat du 13 n'ait pas amené la
» chute du *favori*, *agissez comme s'il avait été déjà*
» *renversé*; *nous l'arracherons de ce poste si l'on ne*
» *veut pas l'en bannir*. En attendant, *organisez-vous*;
» *les avis, les ordres et l'argent* ne vous manqueront
» pas. »

Seconde, sous le n° 35. « Nous vous demandions il
» y a deux jours une attitude imposante; nous vous
» recommandons aujourd'hui le calme et la réserve la
» plus soutenue. Nous venons de remporter un avantage
» décisif en faisant chasser Decazes. *De grands services*
» *peuvent nous être rendus par le nouveau ministère*. Il
» faut donc bien se garder de lui montrer des sentimens
» hostiles. »

Que sera-ce lorsque vous entendrez un député du
Gard, qui n'est interrompu ni démenti par personne,
s'écrier : « Comment la sécurité pour l'avenir pourrait-
» elle naître à Nîmes, où une partie de la société, celle
» qui se rapproche le plus du trône, calomniant sans
» doute cet avenir, se montre sans cesse comme devant

» satisfaire d'odieuses espérances, *lorsqu'elle semble re-*
» *connaître un autre gouvernement que le Gouvernement;*
» *je dirai plus, un autre roi que le Roi lui-même* (1). »

Et M. Chabaud-Latour, autre député du Gard : «S'il
» n'est que trop vrai qu'on pillait, qu'on assassinait dans
» le Gard en 1815, en 1816, *au cri de vive le Roi!* on
» n'a pas encore assez dit que les victimes répondaient
» à ce cri : *Ah! si le Roi savait!* et traçaient ainsi la
» marche de ceux qui se dévouaient pour les défendre. »

Quelle impression pensez-vous qu'ait produit sur l'auteur cette discussion, où l'on se récriait seulement sur la
forme adoptée par le magistrat ?

Des circulaires, se disait-il, supposent des instructions
transmises par un pouvoir reconnu ; des correspondans
nombreux et subordonnés, pour les recevoir et s'y confor-
mer. Il existe donc, continuait-il, en raisonnant avec lui-
même, un pouvoir organisé, correspondant avec des agens
établis pour coopérer, sous la direction des chefs, à l'exé-
cution d'un plan commun! Il existe donc un pouvoir
rebelle à l'autorité royale! qui se flatte de le dominer!
un pouvoir qui promet des trésors! un pouvoir qui s'in-
titule collectivement *nous!* qui commande ou suspend des
vengeances! un pouvoir enfin qui a déjà manifesté son
existence par trente-trois circulaires!!

Jugez ses craintes et la vivacité des alarmes qu'il a dû
éprouver! Jugez aussi les termes dans lesquels il les a
exprimées; et décidez si les effets ne sont pas propor-
tionnés aux causes.

Plein de cruels souvenirs, frappé de ce qu'il a entendu
quelques jours après, il retrace d'abord les faits qui ont

_____

(1) Moniteur du 26 avril 1820.

été proclamés par M. le garde-des-sceaux, les faits qui ont été publiés par des ordonnances royales, et que personne ne saurait démentir. Puis, convaincu par la séance du 25, il s'écrie, pag. 36 : « Oui, il existe une conspi-
» ration qui, tantôt cachée, tantôt presque à découvert,
» qui, tantôt par la ruse, tantôt par la force, marche à un
» but certain, à un but qu'elle est sur le point d'at-
» teindre..... » Se reprenant ensuite, et comme pour dé-montrer sa conviction et sa véracité en même temps, comme pour découvrir les motifs de sa croyance, il ajoute : « Voilà des assertions terribles, inouïes peut-
» être. Je n'en avance aucune dont la preuve morale ne
» jaillisse de la séance du 25 avril, et que je ne puisse
» confirmer par des preuves historiques : j'oserai le faire.
» Noble magistrat de Nîmes, vous n'aurez point donné
» un exemple inutile de courage, de patriotisme et
» d'humanité! »

Il a entendu dénoncer une *ligue*, une *conspiration* ; il a lu les circulaires qui promettent des *ordres*, de *l'ar-gent*, qui contiennent ce mot énergique : *Organisez-vous !* Il trouve alors l'explication des événemens qui se sont passés dans leur rapport avec cette direction qu'un pouvoir secret leur imprime.

Aussi, à la pag. 37, il rappelle « l'organisation secrète
» des sicaires de l'ouest, signalée par un pair de France
» auquel un ministre n'oppose qu'une vague dénéga-
» tion. » Il voit déjà reparaître les pantalons à bande-lettes et les verdets qui, suivant la pétition du magistrat de Nîmes, s'écriaient : « Pourquoi en 1815 n'avons-nous
» pas fait fin de cette race? Sabrons ces misérables, leur
» sang produira des royalistes ! » C'est aussi le rapport de la circulaire, avec cette organisation spontanée qui

lui fait écrire à la page 38 : « L'armée des sicaires est » passée en revue, soldée, équipée.... » Les réflexions suivantes lui sont arrachées par les expressions des circulaires : « Quoique l'attentat du 13 n'ait pas amené sur- » le-champ la chute du favori, agissez comme s'il était » déjà renversé ; nous l'arracherons de ce poste, *si l'on* » *ne consent pas à l'en bannir.* » Il s'indigne de voir une puissance qui se vante d'être au-dessus du pouvoir royal. Vainement la confiance du monarque maintient un mi-nistre en fonctions ; il existerait un pouvoir supérieur, qui aurait la certitude d'arracher le ministre de son poste, si l'on ne consent pas à l'en bannir, et le mépris pour les pouvoirs délégués par le prince à son ministre, le dédain pour le monarque lui-même, seraient tels que l'auteur de la circulaire prescrirait à ses affidés d'agir comme si le ministre était déjà renversé, c'est-à-dire, de méconnaître l'autorité du ministre qui parle encore au nom du Roi.

Plus loin, à la page 38 et à la page 39, il retrace ce qui s'est passé sous ses yeux à la séance du 25 avril ; il rappelle que M. de Saint-Aulaire est venu confirmer la gravité des faits en affirmant qu'il existe un parti qui re-connaît un autre roi que le Roi lui-même ; il rappelle que MM. Lainé, Corbière et Bourdeau se sont bornés à des objections sur la forme de la pétition.

Et, de tout ce qu'il a entendu, de tout ce qu'il a vu, il tire cette conséquence : « Ainsi c'est une vérité cons- » tante qu'un pouvoir invisible existe, qui a fait les » notes secrètes, le *Moniteur* royaliste, les circulaires » de Nîmes, c'est-à-dire qui, au-dehors, traite avec l'en- » nemi contre la France, et, au-dedans, organise le bri- » gandage et le meurtre, ainsi qu'un pouvoir invisible

» existe, qui maîtrise ou renverse, ou dirige l'autorité
» visible ; qui a des ramifications immenses, des esta-
» fettes, des trésors, des séïdes ; c'est là, nous le répé-
» tons, une vérité presque trahie par intervalle, au-
» jourd'hui certaine et patente. »

Voilà le résultat de la conviction de l'auteur, formée
par tous les faits qu'il a rapportés lui-même ; voilà les motifs de ses alarmes : vous pouvez juger maintenant,
Messieurs, si les termes dans lesquels il les manifeste
sont criminels.

On peut dire de l'auteur, comme le disait M. le ministre des affaires étrangères : *C'est un homme qui peut se*
tromper, mais qui parle suivant sa conscience. Sa conviction est-elle coupable ? mais la crédulité n'est pas encore
un crime. Et vous n'avez pas à juger si son opinion est
bien ou mal fondée ; mais s'il a provoqué à la guerre civile. Sa conviction existe, sa bonne foi vous est dé-
montrée.

Je suis donc arrivé à cette double proposition que j'a-
vais établie en commençant : ou le gouvernement occulte
existe, et alors il a été du devoir d'un bon citoyen de le
combattre ; ou cette puissance n'existe pas, et alors il
faut encore approuver les craintes même imaginaires de
l'écrivain, qui, comme homme, a pu se tromper, qui,
comme citoyen, a rempli un devoir.

Je souhaite moi-même que l'opinion de l'auteur ne se
trouve pas confirmée par la procédure que la Cour suprême vient elle-même d'ordonner, tant l'importance de
ces documens a paru grande ! et tant la gravité des faits a
semblé devoir exiger une instruction et plus solennelle
et plus approfondie ! Je le souhaite comme citoyen,
comme bon Français, comme convaincu que le bonheur

de mon pays ne sera consolidé que lorsque l'autorité royale, contenue dans des limites constitutionnelles et dans les bornes invariables de la loi, dominera sur tous les partis. Mais ce vœu particulier ne peut pas détruire la puissance des faits, et le pouvoir de la conviction sur mon client.

C'est donc de conviction qu'il a parlé et qu'il a manifesté son horreur pour la guerre civile. Par quelle subtilité et quelle interprétation pourrait-on trouver dans son écrit la proposition formelle à ses concitoyens de s'armer les uns contre les autres ? Serait-ce par les conséquences que le ministère public a cru devoir tirer lui-même de la simple assertion des faits retracés par l'auteur ? Mais vous savez, et c'est le législateur lui-même qui vous l'a appris, « que la question posée au jury, doit se réduire » au rapport immédiat de la publication qu'il a sous les » yeux, avec un article particulier du Code, dont il ne » lui est pas permis de détourner son attention. » Vous savez que pour qu'il y ait *rapport immédiat*, il faut exclure tout ce qui est conséquence, interprétation du ministère public.

La véritable conséquence de l'écrit, celle qui détruit toutes les inductions de M. l'avocat-général, qui en démontre la fausseté, elle est contenue dans l'ouvrage même : ce n'est pas moi qui la recherche péniblement, c'est l'auteur lui-même qui l'a proclamée ; je vous l'ai annoncée ; vous l'attendez comme dernière preuve pour former votre conviction sur ce premier chef de prévention ; la voici :

A ce mot, s'écrie, pag. 40, l'auteur prévoyant : « Je » vois déjà l'autorité prête à sévir contre ma franchise : » et pourquoi ne sévirait-elle pas plutôt contre les au-

» teurs de circulaires mystérieuses et contre ceux qui
» leur obéissent si ponctuellement ? Pourquoi donne-t-elle
» à l'éclat qui met le crime au grand jour *et appelle sur*
» *lui la vengeance des lois,* le nom de scandale que mé-
» rite bien plutôt le crime encouragé par l'impunité ? »

L'éclat qui met le crime au grand jour et APPELLE
SUR LUI LA VENGEANCE DES LOIS! Entendez-vous ces expressions ! Voilà le résumé et le but de l'ouvrage : voilà
la conséquence que l'auteur tire de son écrit; c'est pour
appeler la vengeance des lois sur le crime.

Ce n'est pas à s'armer les uns contre les autres, ce
n'est pas à la guerre civile qu'il excite; c'est le pouvoir
vengeur du ministère public lui-même, c'est l'autorité
tutélaire du magistrat qu'il implore, c'est la vengeance
des lois qu'il appelle !

Où est son crime, je le demande à tous, aux magistrats,
aux jurés, où est son crime d'avoir placé le salut de la société là où il doit être, dans la justice ?

Ce ne sont pas les poignards des assassins qu'il invoque :
c'est le glaive sacré de la loi ! Puissance vénérable, jamais
dangereuse, et qui ne frappe que pour conserver, celui qui
t'aura invoquée en ce jour sera-t-il donc condamné par
ceux-là même qui doivent exercer ton empire ? et sera-ce
dans cette enceinte, destinée à la punition des forfaits,
que l'écrivain, en réclamant la vengeance des lois, tom-
bera sous les coups réservés aux criminels ?.... Non, je
le vois, messieurs les jurés, vous ne saurez jamais faire
un provocateur de celui qui a invoqué cette main de justice, noble ornement de la royauté, symbole de la puissance qui sait atteindre partout les coupables et que les
factions ne sauraient arracher.

DEUXIÈME PARTIE.

Offenses envers la personne du Roi.

C'est sur ce second chef de prévention que le ministère public a placé toutes les forces de l'accusation, c'est donc ici que l'accusé doit développer tous ses moyens de défense ; car plus l'accusation paraît grave, plus je dois vous démontrer qu'elle est dénuée de fondement.

Et d'abord, commençons par déterminer les caractères de ce second délit, que la loi a aussi exactement fixés que ceux du premier.

Que signifie le mot *d'offenses* ? L'imputation de vices déterminés, ou de faits qui exposeraient au mépris ou à la haine : car telle est la définition légale des termes d'imputations ou allégations offensantes représentés aujourd'hui par le mot d'offenses. La substitution de ce terme aux expressions contenues dans le projet a été ainsi motivée dans le rapport à la Chambre des pairs : « On a pensé qu'il existait des êtres individuels ou » collectifs placés si haut dans le respect des hommes, » que le trait le plus empoisonné, bien que lancé contre » eux, ne peut les atteindre. Quoi qu'on publie à leur » sujet, peu importe en ce qui les concerne person- » nellement ; il y a délit, mais il n'y a pas de dommage ; » il y a un criminel ; mais il ne peut pas y avoir de vic- » time. »

Pour qu'il y ait délit, quelle *personne* doit être offensée ? La *personne* du Roi. Mais l'inviolabilité du monarque comprend-elle des individus auxquels il confère une partie de son autorité, pour administrer, pour gouverner ? Comprend-elle les hommes qu'il a chargés du service de sa maison ? Tous ceux auxquels il a confié le soin

de diriger l'État, ou sa fortune particulière, sont-ils iden-
tifiés avec sa personne? Et tous les traits lancés contre son
ministère ou contre ses intendans, sont-ils censés le frapper directement, et deviennent-ils autant d'offenses contre sa personne?

C'est ici qu'il importe de prévenir une confusion
funeste pour le prince comme pour les sujets; c'est
ici qu'il faut diviser ce qui ne saurait être réuni, et
détruire l'erreur dangereuse du ministère public, qui remettrait en question ce qui a été décidé, en remontant
aux principes solennellement établis par la Charte, et
dont les conséquences doivent pénétrer dans la cause et
former votre conviction.

Vous savez que la personne du Roi est inviolable,
et que ses ministres sont responsables; vous savez
qu'on doit toujours le respect à la personne du souverain; mais qu'on peut attaquer ses ministres, son gouvernement.

La loi sur la liberté de la presse, qui n'est qu'une
conséquence de la Charte, d'accord avec la source dont
elle découle, a dû consacrer ces principes : et c'est ce
qu'annonçait aussi l'honorable rapporteur de la commission à la Chambre des députés, M. Courvoisier, en ces
termes : « Le but du gouvernement représentatif est de
» fonder la sécurité publique sur le respect de tous les
» intérêts et de tous les droits : la publicité est le meilleur
» frein contre l'injustice; elle est inséparable de quelque
» licence. Le gouvernement sera harcelé, on pourra
» travestir ses plans et dénaturer ses intentions; sa justi-
» fication sera dans ses actes. On pourra parler au peu-
» ple d'oppression et de liberté, exagérer ses droits, et
» outrer ses craintes; mais il se familiarise avec les élans.

« Espérerait-on d'ailleurs obtenir, après une révolution
» et sous la Charte, une déférence silencieuse pour le
» gouvernement et ses actes ? »

Les dispositions de la loi, conformes à cette doctrine
constitutionnelle, ont établi différentes classifications d'injures ; elles ont compris sous un même genre les offenses
envers la personne du Roi, envers les membres de la fa-
mille royale, envers les souverains étrangers ; et elles ont
fait une classe à part des injures envers les ministres, et
les dépositaires et agens de l'autorité publique. La péna-
lité n'a pas été moins différente : ainsi, l'offense envers la
personne du Roi est punie d'un emprisonnement de 6 mois
à 5 années, art. 9 de la loi. L'injure envers les ministres
et les agens de l'autorité, est punie d'un emprisonnement
de 8 jours à 18 mois, art. 16 de la même loi.

Quand donc les ministres et les agens de l'autorité se
croient diffamés, ils peuvent rendre plainte, car on n'a
pas voulu qu'ils pussent se couvrir du manteau royal ;
l'injure commise envers eux, n'est pas une offense contre la personne du Roi.

Ce serait donc une doctrine fausse que celle qui ten-
drait à établir cette confusion ; ce serait une doctrine
dangereuse, puisqu'elle amènerait la destruction du droit
de censure, le plus précieux du gouvernement représentatif.

Quel est le publiciste qui n'a pas consacré ces principes élémentaires, et proscrit la doctrine contraire ? Je
ne serais embarrassé que du choix ; je me bornerai à vous
en citer deux. Voici comment un illustre pair de France,
M. le vicomte de Châteaubriand, s'exprime dans son ouvrage de la Monarchie suivant la Charte, pag. 8 :

« La doctrine sur la prérogative royale constitution-

» nelle est, que rien ne procède directement du roi dans
» les actes du gouvernement, que tout est l'œuvre du
» ministère, même la chose qui se fait au nom du roi,
» et avec sa signature, Projets de loi, Ordonnances,
» Choix des hommes. Le roi, dans la monarchie représen-
» tative, est une divinité que rien ne peut atteindre; invio-
» lable et sacrée, elle est encore infaillible, car, s'il y a er-
» reur, cette erreur est du ministre et non du roi. Ainsi,
» on peut tout examiner sans blesser la majesté royale,
» car tout découle d'un ministère responsable. »

Et pag. 9 : « Quand donc les ministres alarment des
» sujets fidèles, quand ils emploient le nom du roi pour
» faire passer de fausses mesures, c'est qu'ils abusent de
» notre ignorance ou qu'ils ignorent eux-mêmes la na-
» ture du gouvernement représentatif. Le plus franc
» royaliste, dans les Chambres, peut, sans témérité,
» écarter le bouclier sacré qu'on lui oppose, et aller
» droit au ministre; il ne s'agit que de ce dernier, ja-
» mais du roi. »

Delolme, dans son ouvrage de la Constitution de l'An-
gleterre, s'exprime ainsi, première partie, pag. 79 : « La
» constitution a fourni de plus aux communes un moyen
» d'opposition immédiate aux malversations du gouver-
» nement, en leur donnant le droit d'en poursuivre les
» ministres. Le roi lui-même est, il est vrai, hors de
» l'atteinte des tribunaux, parce que s'il en était un qui
» pût le juger, ce serait ce tribunal, et non pas lui, qui au-
» rait finalement le pouvoir exécutif : mais, d'un autre côté,
» il ne saurait agir sans avoir des ministres de ses actions ;
» ce sont donc ces ministres, c'est-à-dire, ces instrumens
» indispensables que l'on attaque. Si, par exemple, les
» deniers publics ont été employés d'une manière con-

» traire à l'intention de ceux qui les avaient accordés,
» on poursuit ceux qui en avaient le maniement. S'il s'est
» commis quelque abus d'autorité, *ou en général quel-*
» *que chose de contraire au bien de l'État, on poursuit*
» *ceux qui en ont été ou les instrumens ou les moteurs.*
» Mais quel sera le juge qui prononcera dans un tel
» procès? Quel sera le tribunal qui se flattera de donner
» un jugement libre, lorsqu'il verra se présenter à la
» barre, le Gouvernement lui-même, comme accusé, et
» les représentans du peuple comme accusateurs? »
Et, 2e partie, pag. 31 : « On peut donc compter comme
» un nouvel et très-grand avantage des lois d'Angle-
» terre, la liberté qu'elles laissent au peuple d'exami-
» ner et de censurer la conduite du Gouvernement et
» de tous ceux qui en administrent quelques branches.
» Non-seulement elles assurent à chaque particulier le
» droit de présenter des pétitions soit au Roi, soit aux
» deux Chambres; elles lui donnent encore celui de
» porter ses plaintes et ses observations quelconques au
» tribunal du public, par la voie de l'impression. Droit
» redoutable à ceux qui gouvernent, et qui, dissipant
» sans cesse le nuage de majesté dans lequel ils s'enve-
» loppent, les ramène au niveau des autres hommes, et
» frappe sur le principe même de leur autorité! »

Tels sont les principes proclamés par les plus célèbres
publicistes, par ceux qui ont paru le plus attachés aux
droits et aux prérogatives de la couronne. Et tel est le sens
qu'ils ont attaché au mot *gouvernement ;* ils l'ont constamment représenté commé synonyme des mots *administration*
et *ministère.*

Maintenant, Messieurs, comment l'accusation a-t-elle
fondé son système, si ce n'est sur une confusion perpé-

tuelle des principes et des termes de la langue politique ?

Vous avez attaqué les ministres, nous dit-on ; donc vous avez offensé la personne du Roi : vous avez attaqué les agens de l'autorité, et notamment les agens de la liste civile ; donc vous avez offensé le monarque.

Non, il n'a pas commis ce délit celui qui a attaqué les ministres et les agens de la liste civile ; mais il a usé d'un droit constitutionnel, et il s'est maintenu dans l'exercice de ce droit. Et dans quelles circonstances en a-t-il fait usage ? n'est-ce pas dans la conviction d'un danger imminent ? n'est-ce pas quelques jours après la séance du 25 avril ? n'est-ce pas après la lecture de cette circulaire qui portait : *De grands services peuvent nous être rendus par le nouveau ministère ; il faut donc bien se garder de lui montrer des sentimens hostiles ?* N'a-t-il pas entendu d'honorables députés s'écrier (1) : « Nous sommes évi-
» demment sous l'influence d'un pouvoir invisible qui
» me semble entraîner le ministère et nous-mêmes en
» des abîmes où, selon l'énergique expression de notre
» honorable collègue, tout peut périr excepté la nation.
» Inutilement des voix éloquentes qui s'élevèrent tant de
» fois en faveur de la royauté, vous parlent aujourd'hui
» de ses dangers en la voyant s'isoler de la nation ; tout
» cède à cette fatalité d'un pouvoir invisible.... L'exis-
» tence seule de ce pouvoir secret qui agit par des cir-
» culaires et des courriers extraordinaires, qui se sent
» assez fort pour arracher de son poste un ministre du
» Roi, si S. M. ne veut pas l'en bannir ; qui se déclare
» assez riche pour que l'argent ne manque jamais à ses
» projets, qui se vante de faire servir le ministère d'ins-

---

(1) Moniteur du 26 avril 1820. Discours de M. Devaux.

» trument à ses desseins. L'existence d'un tel pouvoir
» annonce que nous ne vivons plus sous un gouverne-
» ment constitutionnel, mais sous l'influence provisoire
» d'une conspiration contre l'autorité royale et la cons-
» titution. » Eh bien, l'auteur a cru, à tort ou à raison,
à l'existence de cette conspiration dénoncée; il a cru
que, suivant les expressions de la circulaire, *de grands
services* étaient rendus par le ministère aux conspirateurs;
il a été épouvanté de cette connivence ou de cette faiblesse.
Il a attaqué les ministres et les agens de l'autorité, et les
agens de la liste civile, et il a pensé qu'en signalant cette
prévarication vraie ou fausse, il remplissait le devoir
d'un bon citoyen; il a pensé que c'était un acte de fidé-
lité, je dirai plus, une haute marque de respect envers
le monarque, que de l'avertir des dangers où des ministres inhabiles pourraient entraîner l'Etat.

Ce sont les ministres et les agens de l'autorité que
l'auteur attaque, et qu'il attaque constamment. Ses expressions le montrent clairement. Page 38 : *Il tombe, et le
pacte est signé entre ses successeurs et les chefs de la faction, entre le pouvoir visible et le pouvoir invisible.* Plus
loin, l'auteur rapporte les discours des ministres à la
séance du 25 avril; il rapporte séparément leurs paroles :
il les critique. C'est bien leur personne qu'il pourrait offenser si elle était inviolable, mais ce n'est pas la personne de S. M. A la page 40, l'auteur s'attache encore
aux mêmes ministres et à certains dépositaires de l'autorité; il les désigne spécialement. Il est impossible de faire
remonter à la personne auguste de S. M. ces désignations
individuelles; elles ne peuvent pas frapper ailleurs que
là où l'auteur a voulu frapper. Et il est tellement convaincu de l'idée que les ministres seuls peuvent se plain-

dre, qu'il dit à la page 43 : « Que si les ministres de
» 1820 essayaient de m'attaquer sur ces imputations, je
» ferais comparaître pour me défendre les ministres de
1815. »

Mais en attaquant les agens de la liste civile, vous a
dit M. l'avocat-général, l'auteur offense la personne du
Roi : car quelle offense plus grave que de dire : « La liste
» civile soudoie et récompense les agens du gouverne-
» ment occulte. » La liste civile n'est-elle pas le trésor
particulier du Roi ?

Voici le passage inculpé : « Chaque jour voit tomber
» quelqu'un des voiles qui couvrent le gouvernement oc-
» culte ; la séance du 28 ne permet plus de doute sur sa
» réalité. C'est à coups de sabre que les agens de ce pou-
» voir poursuivent la destitution de ceux qu'ils veulent
» remplacer ; c'est la liste civile qui soudoie et récompense
» ces agens. »

L'accusation toute entière se réfugie dans la prétendue
criminalité de ce passage : je dois dissiper les moindres
doutes : je le ferai par les expressions de l'auteur, par
les circonstances où il a été écrit, par la décision de la
Chambre des députés, et par les principes que je viens
d'établir comme par les conséquences nécessaires qui en
dérivent.

Comment l'auteur s'exprime-t-il ? Il annonce que la
séance du 28 avril, à la Chambre des députés, ne laisse
plus de doute sur la réalité du gouvernement occulte ;
et il cite deux faits : que les agens de ce pouvoir poursuivent des destitutions à coups de sabre, et que la liste civile paie des pensions à ces agens.

Les expressions même de l'auteur, qui rappellent la

séance du 28 , et la mention spéciale de deux faits qui ont fixé ce même jour l'attention de la Chambre , prouvent qu'il a placé l'autorité de sa croyance dans les dicours prononcés le 28 à la tribune.

. Que s'est-il passé ce jour à la Chambre des députés ? Le *Moniteur* du 30 avril en rend un compte fidèle : il nous apprend que des députés avaient conçu sur l'existence du gouvernement occulte des alarmes non moins vives que l'auteur : des faits nouveaux furent signalés par un député de la Vendée (1) ; et particulièrement les deux faits rappelés par l'auteur. La Chambre entendit la lecture de pièces originales qui attestaient que des individus, sans aucun caractère légal, faisaient, dans les départemens de l'Ouest, *des proclamatiõns* , et menaçaient de marcher avec des hommes qu'ils appelaient de *braves gens* et de *véritables serviteurs du Roi* , pour chasser de leurs places ceux qui leur paraissaient de *mauvais royalistes*. L'honorable membre lut également des pièces authentiques qui attestaient que ces mêmes individus avaient reçu des indemnités et des pensions de la liste civile ; l'orateur ajoutait : « Je sais bien qu'on ne manquera pas de pré-
» tendre que nous ne devons faire connaître aucun fait
» plus ou moins grave sans porter atteinte au Roi lui-
» même. Ainsi , à une dernière séance, on vous a dit
» que par cela seul qu'on attaquait le ministère, on at-
» taquait le gouvernement du Roi ; mais depuis long-
» temps on a fait justice de pareils subterfuges : tout le
» monde sait bien que le nom sacré du Roi doit rester
» étranger à nos discussions , non-seulement quand on
» se plaint du ministère , mais encore quand on le loue ;
» qu'il faut voir le gouvernement hors du nom du Roi ,

---

(1) M. Manuel.

» et que ceux-là même qui cherchent chaque *jour à*
» *prouver qu'ils sont les défenseurs de la prérogative*
» *royale, devraient être les premiers à sentir qu'on ne*
» *peut la défendre qu'en isolant son nom de son gouver-*
» *nement.* Tous les reproches ne s'adressent-ils pas à ses
» ministres ? Il en est de même ici : il s'agit d'une pen-
» sion donnée par le directeur de la maison du Roi,
» pension accordée sur la liste civile. »

Cependant des membres de la Chambre, jaloux de se
montrer les défenseurs de la prérogative royale, préten-
dirent que l'orateur était sorti du cercle des attributions
constitutionnelles qui leur étaient attribuées ; ils soutin-
rent que personne n'avait le droit de critiquer l'emploi
de la liste civile, et MM. de Labourdonnais, Villèle,
Castel-Bajac, demandèrent avec force le rappel à l'ordre :
parmi eux se faisait remarquer M. Benoît ; mais en de-
mandant le rappel à l'ordre, il faisait cette concession
remarquable : « Je ne prétends pas, disait-il, soutenir
» qu'un acte de la liste civile ne puisse être ici l'objet
» d'un examen ; s'il était contraire aux lois, aux règles
» existantes ; s'il contrariait les intérêts légaux, vous
» pourriez vous en occuper ; mais vous n'êtes pas dans
» cette situation. »

M. Froc de la Boulaye ajoutait : « J'ai besoin d'établir
» ou plutôt de rappeler que le rappel à l'ordre n'a en soi
» rien d'injurieux pour le membre qui en est l'objet....
» Il est *important de ne pas donner lieu à des antécé-*
» *dens de la nature de celui-ci, et c'en serait un bien*
» *dangereux* que de laisser attaquer un acte du Roi dis-
» posant de la liste civile. C'est la première fois que dans
» cette Chambre une telle attaque a eu lieu, et elle ne
» doit pas être tolérée. Personne encore ne s'en était
» permis une semblable, et c'est ce qu'a fait l'orateur. »

Ainsi tout a été fait pour obtenir le rappel à l'ordre
et pour le motiver ; les orateurs les plus distingués du
côté droit ont déployé tous leurs efforts ; la question a
été examinée sous tous ses points de vue, et l'on a présenté le danger des antécédens à la Chambre, en ren-
dant une décision contraire à la demande du rappel à
l'ordre ; on sentait à juste titre que l'on s'autoriserait
de cette décision pour critiquer à l'avenir les actes des
agens de la liste civile.

La Chambre des députés a prononcé et jugé cette question en grande connaissance de cause ; le *Moniteur* du
3o avril en fait foi.... « L'ordre du jour sur le rappel à
» l'ordre étant demandé, le président déclare que l'ordre
» du jour a la priorité ; il est mis aux voix, ET L'ORDRE
» DU JOUR SUR LE RAPPEL A L'ORDRE EST ADOPTÉ. »

C'est quelques momens après que l'auteur a rappelé
en quelques lignes le résultat de toute cette séance. Et
comment, l'esprit encore frappé des deux faits si
remarquables qui avaient fixé l'attention de la Chambre pendant presque toute la séance du 28, faits qui
avaient été signalés par l'honorable député comme
confirmant la vérité de la pétition de M. Madier de
Montjau, l'auteur aurait-il pu, dans un écrit intitulé
du Gouvernement occulte, les passer sous silence ? Il
entrait naturellement dans son plan de les rattacher à
l'existence de ce pouvoir secret, comme l'avait fait l'orateur de la Chambre.

Mais en rappelant ces faits, était-il possible que l'auteur
imaginât jamais qu'on pourrait en faire un chef d'accusation contre lui, un chef d'offenses envers la personne du
Roi, lorsque la Chambre des députés venait, par une
décision publique, solennelle, souveraine, de proclamer
l'innocence de la même accusation contre les agens de la

liste civile? Lorsque, malgré le danger des *antécédens* présenté par un membre , la Chambre des députés venait de
reconnaître par un *précédent* si notable que les agens de
la liste civile ne pouvaient pas plus que ses ministres être
considérés comme composant la personne du Roi ?

Il est impossible , Messieurs, de ne pas reconnaître la
bonne foi de l'écrivain, puisqu'elle est constatée publique-
ment par les procès-verbaux de la Chambre qui l'ont
formée : et si, comme le ministère public le demande,
à défaut de preuve matérielle, c'est-à-dire à défaut de
culpabilité, puisqu'il ne peut y avoir de criminalité sans
fait criminel, et puisque l'intention ne peut être invoquée
que par l'accusé ; si, dis-je, comme le ministère public le
demande, vous jugez d'après l'intention ; vous ne pourrez
voir l'intention d'offenser la personne du Roi, lorsqu'il a
été jugé , par la décision la plus solennelle et la plus
légale des mandataires de la nation , et par l'organe lé-
gislatif de la société ; que l'on n'offensait pas la personne
du Roi en critiquant les actes des agens de la liste
civile.

Tous les principes ne viennent-ils pas à l'appui de cette
décision? N'est-ce pas par l'application du grand principe que la personne auguste du monarque est seule inviolable dans l'Etat, qu'il faut juger la question ?

Si l'on admet, comme il est impossible de le contester,
que le ministère ne saurait jouir du privilége de l'inviolabilité, il faut admettre que les agens de la liste civile
ne peuvent être plus sacrés. Vous avez déjà entendu des
membres de la Chambre même des plus ardens à demander
le rappel à l'ordre de M. Manuel, reconnaître que les actes
de la liste civile pouvaient être critiqués (1), s'ils étaient
contraires aux lois, aux règles existantes. Tel était le prin-

_____

(1) Discours de M. Benoît. (Moniteur du 30 avril 1820.)

cipe général qu'ils posaient ; ils prétendaient seulement
que le fait présenté par l'honorable député de la Vendée,
devait être placé dans l'exception. Je pourrais en tirer
cette conséquence, que les agens de la liste civile ne
sauraient être exempts de la responsabilité. Mais, en
admettant que ces agens ne soient pas responsables, ce qui
paraît constituer un privilége extraordinaire dans un gouvernement représentatif, s'ensuit-il qu'ils soient à l'abri de
toute censure, que leurs actes ne puissent être critiqués,
que le monarque ne puisse être averti sur leurs pré-
varications ? Non sans doute. Le droit de *censure*, le plus
précieux du gouvernement constitutionnel, ne doit s'ar-
rêter qu'à la personne du monarque *qui ne peut jamais
faire mal :* mais la conséquence de cette maxime salutaire,
est que tout ceux qui l'entourent, et qui peuvent l'engager
dans une fausse route, devant être sujets à erreur, doivent
aussi être soumis à la critique des citoyens.

C'est en vain que le ministère public s'écrie : Mais la
liste civile est la fortune particulière du Roi, les agens de
la liste civile forment une classe particulière d'agens ; je lui
répondrai : Qu'importe que la liste civile soit la fortune
particulière du Roi ? N'est-ce pas un intendant ou un
ministre particulier qui gère cette fortune ? Le Roi de
France est-il incessamment occupé au calcul de ses deniers ? Certes, de plus nobles soins l'animent ; et le caractère personnel du monarque ne nous apprend-il pas
qu'il est bien moins occupé de l'administration de son
trésor que de l'administration de ses Etats ? Cependant,
n'ai-je pas démontré que l'administration de la France,
le Gouvernement, le ministère, en un mot, pouvait être
critiqué, attaqué ? Comment l'administration de la liste
civile pourrait-elle jouir d'un privilége d'infaillibilité,
d'autant plus grand, que le monarque devrait y donner

*

moins de soin ? Les mêmes principes doivent décider; il faut donc proscrire la confusion des agens de la liste civile, comme la confusion du ministère avec la personne du Roi.

Attachons-nous aux termes de la loi : que punit-elle? Les offenses envers la personne du Roi? Par quel mystère politique la personne d'un intendant, d'un agent quelconque, se confondrait-elle avec celle du monarque ? Et voyez où vous entraînerait une semblable fiction ? De même qu'il faudrait étendre la chaîne d'inviolabilité, depuis le premier ministre jusqu'au dernier garde champêtre, si en attaquant les agens de l'autorité on attaquait l'autorité du prince ; de même aujourd'hui il faudrait faire descendre l'inviolabilité du directeur général jusqu'aux derniers officiers de la maison, si en attaquant les agens de la liste civile on offensait la personne du Roi. Mais ce n'est pas tout encore, il faudrait les personnifier, si l'on peut s'exprimer ainsi, avec le monarque. La loi ne saurait reconnaître une telle absurdité ; elle punit l'offense envers le maître, et laisse aux serviteurs le soin de venger leurs injures personnelles.

Certes, s'il en était autrement, les courtisans trouveraient, de notre temps, un privilége dont ils ne jouirent jamais. Eh quoi! lorsque les rois les plus absolus favorisèrent de leur puissance et d'une bienveillante protection les grands génies dont la France s'honore, et qui ne craignirent pas de démasquer le vice et de frapper le ridicule dans quelque haut rang qu'il se réfugiât; sous un gouvernement constitutionnel, lorsqu'il s'agira d'une conspiration qui mettrait en danger le trône et l'État, il sera défendu d'attaquer l'agent faible ou pervers parce qu'il fera partie de la liste civile! Et ne voit-on pas qu'au lieu d'offenser les princes, c'est bien les servir que de les avertir de ce que Charles V, surnommé le Sage, appelait *l'infestation des gens de son hôtel.*

Mais puis-je passer sous silence ce que nous voyons tous les jours dans les tribunaux? N'est-ce pas dans le sanctuaire de la justice que l'on sépare constamment la liste civile de la personne du Roi? N'est-ce pas devant les magistrats qui composent aujourd'hui la Cour, que nous usons du droit d'appeler la liste civile *inhumaine*, *impitoyable?* Et les magistrats qui rendent la justice au nom du Roi, qui vengeraient ses injures, s'ils croyaient S. M. offensée, ne condamnent-ils pas souvent la liste civile, au lieu de punir ses adversaires? Faut-il citer un exemple encore récent des reproches que l'on adresse à ces agens? Un jurisconsulte profond, un pressant orateur, n'a-t-il pas, dans sa belle défense du légataire universel de M. le prince de Bourbon contre la liste civile, appelé ces agens *durs, impitoyables, rigoureux* (1)? Et les magistrats ont-ils rien vu d'irrespectueux dans cette défense, que tout le monde a justement admirée?

Mais, vous a dit le ministère public, le Roi ne saurait ignorer les actes de l'intendant de sa liste civile; attaquer ces agens, c'est donc offenser le monarque qui a connu leurs actes. C'est ici, Messieurs, que doivent s'appliquer les conséquences des principes que nous avons établis en commençant sur ce second chef de prévention. Les agens de la liste civile n'ont reçu d'aucune loi un privilége d'inviolabilité plus grand que les ministres : or, n'est-ce pas rénouveler cet argument proscrit à l'égard des ministres, comme il doit l'être à l'égard des agens de la liste civile, que quand les actes des ministres sont assez

___

(1) Plaidoyer de Me Dupin, pour M. le chevalier Desgraviers.

nombreux pour qu'il soit évident que le Roi les a con-
nus, attaquer ces actes c'est offenser la personne du Roi ?
N'est-ce pas oublier qu'en établissant l'inviolabilité du Roi
et la responsabilité des ministres, la Charte a supposé que
le monarque était dans l'ignorance des actes inconstitu-
tionnels et illégaux commis par toute espèce d'agent ? C'est
évidemment une convention légale; et cette convention
légale, que *le Roi ne peut jamais faire mal*, est la base
indispensable de l'édifice constitutionnel; si vous détruisez
cette convention, vous rendez les ministres et les agens de
la liste civile inviolables, ou vous étendez la responsabilité sur le monarque. Oui, tant que nous vivrons sous
un gouvernement constitutionnel, le Roi ne peut pas
autoriser des actes contraires à la constitution, contraires
surtout à son autorité et à la tranquillité de l'État; et il
est impossible de fonder une accusation d'offenses envers
sa personne sur la connaissance qu'on lui prêterait des
actes attaqués, puisque la Charte ne permet pas qu'on
suppose le Roi autorisant ce qui se fait de mal ; puisqu'elle
n'admet pas qu'il puisse connaître, elle n'admettrait pas
qu'il pût approuver le mal qui se fait par les agens de
la liste civile comme par les ministres. Maximes vraies et
utiles au pouvoir royal, tandis que le système contraire
remettrait tout en question et compromettrait à la fois la
constitution et la monarchie ! Maximes qui remontent à
des temps plus reculés et que la Charte a dû consacrer,
parce qu'elle est destinée à lier le passé au présent! Maximes
scellées enfin du sang des innocentes victimes de Nîmes,
qui, tombant sous les coups de leurs assassins, dont la
féroce joie insultait à leurs derniers soupirs par les cris de
vive le Roi! murmuraient encore ces mots sublimes :
Ah ! si le Roi savait !!!

Je m'arrête, Messieurs..... J'ai parcouru tout le cercle

qu'a décrit l'accusation ; j'ai démontré son impuissance : je vous ai convaincus de la vérité de cette double proposition , que, si le gouvernement occulte existe, il a été du devoir de l'auteur de l'attaquer ; que si le gouvernement occulte n'existe pas , il faut encore approuver les craintes de l'écrivain, qui, convaincu de la grandeur du péril, aurait averti de dangers même imaginaires.

Que reste-t-il donc de cette accusation ? le reproche d'avoir parlé *du gouvernement occulte ?* Mais quel serait le privilége de cette puissance secrète si elle existait, qu'on ne saurait sans crime représenter les dangers dont elle menace l'autorité royale ? Dans quel nuage impénétrable de majesté serait-elle donc élevée ? et, comme l'arche sainte, ne saurait-on y toucher sans être frappé de mort ? A Venise il était défendu, sous peine capitale, de s'entretenir du pouvoir invisible des inquisiteurs d'État ; mais du moins des statuts particuliers rendaient ce pouvoir inhérent à la constitution de l'État, et, tout effrayant qu'il était, l'aristocratie l'avait rendu légal.

Et quoi ! serait-ce après la publicité des documens qui ont jailli de la tribune sur toute la France , que l'on interdirait la pensée sur les faits qui ont frappé tous les esprits ? Étrange et inconcevable position de mon client ! Il assiste à la séance du 25 avril ; il entend le rapport de la commission sur la pétition de M. Madier de Montjau : ce n'est pas un obscur citoyen qui exprime des alarmes plus ou moins vagues, c'est un conseiller à la Cour royale de Nîmes qui retrace ses craintes dans les termes les plus énergiques, qui précise des faits, qui transcrit des circulaires, qui ne laisse pas égarer l'accusation, qui désigne clairement l'auteur des circulaires, qui le nomme déjà en disant que c'est celui qui, reprochant la timide arrestation du maréchal Soult, disait : *On n'ar-*

réte pas un *maréchal de France*, *on le tue*. C'est un conseiller à la Cour royale de Nîmes , qui ne recule pas devant la nécessité des éclaircissemens , qui le nommera en toutes lettres devant les tribunaux.

Je vous ai transportés en imagination à cette séance : vous avez entendu le rapporteur de la commission proclamer que ces faits sont de la nature la plus grave, et que la gravité en est augmentée par le caractère personnel du magistrat. Vous avez entendu des députés rendre témoignage sur les faits dénoncés et confirmer leur vérité...... Que dis-je, l'augmenter, et en quels termes ! Vous avez entendu les députés et les ministres eux-mêmes déposer sur les vertus du conseiller à la Cour royale, sur son attachement à la monarchie , sur son honneur, sur sa véracité. Vous avez entendu le ministre des affaires étrangères déclarer que, d'après les rapports qu'il a eus avec ce magistrat, il reconnaît qu'il a parlé suivant sa conscience. Quelqu'un conteste-t-il les faits? non. On se rejette seulement sur la forme, sur la possibilité de l'erreur. Tous, quelles que soient leurs opinions, s'accordent, parce que l'intérêt du bien public l'exige, à demander le renvoi au conseil des ministres ; tous reconnaissent la gravité, l'extrême importance de l'accusation, et le péril qu'il y aurait à temporiser.

Eh , bien ! Messieurs, pensez-vous, je vous le demande, pensez-vous que personne n'a été ému? que personne n'a commencé à croire ? que ceux qui commençaient à croire n'ont été convaincus? Et qui plus que mon client pouvait ressentir ces émotions, cette croyance, cette conviction ? Il est jeune, c'est l'âge où les impressions sont plus vives, où les émotions sont fortes , profondes.

Qui plus que lui pouvait éprouver l'horreur des guerres civiles, et des agitateurs qui , dans leurs circulaires ho-

micides, armeraient les bras des citoyens contre les autres ?
Ses premiers regards , au sortir de l'enfance , furent
épouvantés des massacres de Nantes , et cette vue a laissé
sur lui une ineffaçable et terrible impression.

Qui plus que lui pouvait redouter les complots qui
paralyseraient l'autorité royale et la puissance constitutionnelle du monarque ? Il a traversé les révolutions de
l'anarchie et la servilité du despotisme, sans places et sans
emploi, méditant sur les pages de notre histoire. C'est là
qu'il apprit à connaître toute l'étendue des maux qui
suivent les dissensions intestines, qu'il apprit à détester
les ligues secrètes et les sourdes intrigues qui minent le
pouvoir royal : c'est là qu'il vit entr'autres les maux de
la ligue appelée *guerre du bien public*, où les princes et les
seigneurs, s'intitulant les défenseurs du pauvre peuple (1),
conspiraient contre le pouvoir de Louis XI, et s'efforçaient
de fonder leur puissance aux dépens du trône et de l'Etat.
L'histoire lui apprit quels malheurs pesèrent sur la France,
lorsque les Guises, établissant partout des associations
secrètes, et commençant *la ligue*, fondaient un gouvernement occulte pour miner le trône des Valois; et l'histoire
lui apprit enfin que si le courage et la bonté de Henri lui
ouvrirent les portes de Paris et dissipèrent la ligue, la
satire d'un écrivain fidèle porta les premiers coups à la
faction des seize en dévoilant leurs complots.

Les malheurs qu'il a vus dans l'histoire, il a voulu les
éloigner; le bien que des écrits peuvent produire, il a
voulu le faire. S'il est coupable d'avoir cru, punissez-le ;
mais déclarez du moins que l'homme ne doit pas être sujet
à erreur.

Ce n'est pas par des poursuites et des condamnations

---

(1) Histoire de France, par Velly et Villaret, tom. XVII, pag. 60.

contre les écrivains que vous rassurerez les esprits, et que de malheureuses méfiances cesseront de nous affliger. C'est en vain que sous Charles II et sous Jacques II, d'effrayans arrêts poursuivirent la pensée : la liberté de la presse, que tous les ministres ont appelée *le flambeau du gouvernement*, doit éclairer le monarque et les citoyens, et elle ne saurait aujourd'hui briller d'un éclat moins vif à Paris, qu'à Madrid, ou que bientôt à Naples. C'est la liberté de la presse qui doit dissiper les alarmes des citoyens sur un mystère politique qui afflige et inquiète tous les bons Français ; et loin de vouloir épaissir les ténèbres sur cette puissance secrète, la cour suprême vient de donner une nouvelle preuve de sa haute sagesse en adoptant une grande mesure qui révèlera sans doute la vérité toute entière.

En vain l'on a parlé de scandales : elles domineront sur toute la discussion, elles retentiront dans cette enceinte les paroles du chef auguste de la justice, que la France a retenues (1) : *Le scandale est dans le crime, il n'est pas dans le cri du sang injustement versé !*

Voilà ce que vous crie du haut de la tribune le chef de la magistrature : sa voix ne sera pas perdue dans cette enceinte, magistrats et jurés. Non, il n'y a pas de scandale à révéler les grands attentats et à invoquer la puissance des lois ; non, il n'y a pas de scandale à implorer votre pouvoir tutélaire, dépositaires sacrés de la justice. *Le scandale est dans le crime*, il n'est pas *dans une juste indignation de l'impunité !*

RUMILLY, *Avocat.*

(1) Discours de M. le garde-des-sceaux, Moniteur du 25 mars 1819.